**Betriebswirtschaftliche
Entscheidungshilfen
durch den Praxiscomputer**

Materialienreihe
Band 14

E. Knappe/V. Laine
P. Klein/St. Schmitz

Betriebswirtschaftliche Entscheidungshilfen durch den Praxiscomputer

Herausgeber:
Institut der Deutschen Zahnärzte (IDZ)
in Trägerschaft von
Bundesverband der Deutschen Zahnärztekammern e.V.
– Bundeszahnärztekammer –
– Kassenzahnärztliche Bundesvereinigung – Körperschaft des öffentl. Rechts –
5000 Köln 41, Universitätsstraße 71–73

Deutscher Ärzte-Verlag Köln 1992

Autoren:

Prof. Dr. Eckhard Knappe
Universität Trier

Dr. Vesa Laine
Universitätsrechenzentrum Trier

Dipl.-Kauffrau Petra Klein
Universität Trier

Dipl. Volkswirt Stefan H. Schmitz
Universität Trier

Anschrift:
Universität Trier
FB IV – Volkswirtschaftslehre,
Sozialpolitik und Sozialverwaltung
Postfach 38 25
5500 Trier

Redaktion:
Dipl.-Volkswirt Paul J. Müller
Institut der Deutschen Zahnärzte

ISBN 3-7691-7831-9

Das Werk ist urheberrechtlich geschützt. Jede Verwertung in anderen als den gesetzlich zugelassenen Fällen bedarf deshalb der vorherigen schriftlichen Genehmigung des Verlages.

Copyright © by Deutscher Ärzte-Verlag GmbH, Köln 1992

Gesamtherstellung: Deutscher Ärzte-Verlag GmbH, Köln

Inhaltsverzeichnis

Vorwort 7

I. **Theoretischer Hintergrund der Arbeit** 9

II. **Zielsetzung der Arbeit** 12

III. **Ergebnisse** 13
    A. Hochgesteckte Erwartungen 13
        1. Statistiken, Fehlersicherheit und Zeitersparnis 13
        2. Arbeitserleichterung 14
        3. Beurteilung der Automation und Praxisgröße 16
        4. Praxis-Computereinsatz und Rationalisierung 18
    B. Materialverwaltung 19
    C. Externe Dienstleistungen 20
    D. Vergleich mit bereits vorliegenden Ergebnissen aus
       anderen Untersuchungen 22
    E. Warum werden vorhandene Programme nicht genutzt 22

IV. **Interviews in ausgewählten Praxen** 24
    A. Erkenntnisziel 24
    B. Ergebnisse 24
        1. Praxisprofil 24
        2. Materialverwaltung 25
        3. Buchführung 25
        4. Zusammenfassung 26

V. **Ein IDZ-Workshop zum EDV-Einsatz in der Zahnarztpraxis** 27

VI. **Verzeichnis der Tabellen** 30

VII. **Anhang** 31
    A. Fragen und Verteilungen der Antworten 32
    B. Repräsentativität 50

Vorwort

Betriebswirtschaftliche Entscheidungshilfen durch den Praxiscomputer

In schwieriger werdenden Zeiten kommt der Schaffung von mehr Transparenz über betriebswirtschaftlich relevante Vorgänge in der Zahnarztpraxis und der Gewinnung von Entscheidungshilfen eine immer größere Bedeutung zu. Bei dem weiterhin rasant zunehmenden Einsatz des PCs in der Zahnarztpraxis stellt sich deshalb intensiver als bisher die Frage, welchen Beitrag dieser für die rationale „Unternehmensführung" leistet bzw. leisten kann. Das Institut der Deutsche Zahnärzte hat deshalb an Herrn Prof. Knappe. Universität Trier, den Forschungsauftrag vergeben, den Ist-Zustand insbesondere in den Bereichen „Betriebswirtschaftliche Transparenz der Praxis durch Buchführung" und „Transparenz des Dentalmarktes für die Praxis durch Materialverwaltung" zu erheben und die Möglichkeiten der Verbesserung zu ermitteln. Die Ergebnisse dieser empirischen Untersuchung werden hiermit vorgelegt. Herrn Dr. R. Hegerl und der KZV Koblenz-Trier sei erneut ein herzlicher Dank ausgesprochen für die tatkräftige Unterstützung dieser Forschungsarbeit.

Zum Zeitpunkt der Befragungen standen ausgereifte und bedienerfreundliche Materialverwaltungsprogramme für die Zahnarztpraxis kaum zur Verfügung. Beim Angebot an Buchführungs-Programmen existierten nur Systeme, die nach Einschätzung der Mehrheit der Zahnärzte zu kompliziert und deshalb in der routinehaften Bedienung zu aufwendig erschienen. Zudem war das Problembewußtsein für Fragen der Unternehmensführung noch unzureichend entwickelt.

Bereits nach Vorliegen der ersten Zwischenergebnisse haben das IDZ bzw. seine Trägerorganisationen auf die festgestellten Schwachstellen reagiert. So wurde zur Unterstützung zukünftiger Materialverwaltungsprogramme die Datenbasis des Buches DAS DENTAL VADEMEKUM auch für den Einsatz auf dem Praxiscomputer zur Verfügung gestellt. Hierdurch wurde ein fundierter und jeweils akutalisierter Produktdatenbestand geschaffen, mit dessen Hilfe die Auswahl und Bestellung von Dentalprodukten auch edv-gestützt vorgenommen werden kann.

Die Ergebnisse und Verbesserungsmöglichkeiten aus der Untersuchung zur Thematik „Betriebswirtschaftliche Transparenz der eigenen Praxis" wurden im Rahmen eines Workshop mit Vertretern nahezu aller auf dem deutschen Markt vertretenen Zahnarztsysteme diskutiert. In der Diskussion bestand Einvernehmen darüber, daß den Zahnärzten zukünftig ein jederzeit vergleichbarer und leicht verständlicher Überblick über die wichtigsten betriebswirtschaftlichen Kennziffern der eigenen Praxis durch den Praxiscomputer angeboten werden sollte. Die vertretenen Systemanbieter einigten sich mit dem IDZ darauf, eine gemeinsame Arbeitsgruppe unter der Federführung durch das IDZ zu bilden, die die hierfür erforderlichen, einheitlichen Grundlagen erarbeiten sollte. Diese Arbeitsgruppe bekam die Aufgabe, einen einheitlichen Musterkontenplan zu bestimmen, der zukünftig von allen Systemanbietern verwendet werden wird. Ein vereinfachter Kontenrahmen wird die Grundlage für eine sich auf das Wichtigste konzentrierende und für den durchschnittlichen Zahnarzt verständliche Auswertung bilden. Dieser vermittelt nicht nur die übliche Einnahmen-Überschußrechnung, sondern auch den jeweils aktuellen Stand der Liquidität der Praxis. Die gemeinsam getragenen Ergebnisse sind inzwischen in den Zahnärztlichen Mitteilungen Nr. 4/16.2.92 und Nr. 5/28.2.92 veröffentlicht worden. Das neue System wird nun von denjenigen Firmen angeboten, die insgesamt weit mehr als 90% aller derzeitig angebotenen Zahnarztsysteme auf sich vereinigen.

Mit diesem Buch setzt das IDZ seine bisherigen Veröffentlichungen zum Themenkomplex EDV-Einsatz in der Zahnarztpraxis fort. Ein weiterer Baustein wurde somit zu den unverändert aktuellen Veröffentlichungen des Instituts hinzugefügt. Sie seien als Referenzveröffentlichungen deshalb noch einmal aufgezählt: Zahnarzt und Praxiscomputer (IDZ-Materialienreihe Band 3, 1988), Zum Stand der EDV-Anwendung in der Zahnarztpraxis (IDZ-Broschürenreihe Band 2, 1989), Zahnmedizinische Dokumentation mit dem Praxiscomputer (ZM 22, 1990), Der Praxiscomputer als Arbeitsmittel (IDZ-Materialienreihe Band 10, 1991), Betriebswirtschaftliche Hilfen für den Zahnarzt (ZM 4/5, 1992). Das facettenreiche Thema wird das IDZ auch weiterhin beschäftigen.

Dipl.-Volksw. Paul J. Müller   Köln, im Februar 1992

I. Theoretischer Hintergrund der Arbeit

Die zahnärztliche Versorgung der Bevölkerung mit Hilfe von Freiberuflern (und nicht z.B. durch in Gesundheitszentren angestellte Zahnärzte) basiert auf einer gesundheitspolitischen Grundsatzentscheidung über die Gestaltung des Gesundheitssystems. Freiberufler sind in der BRD Angehörige bestimmter Berufsgruppen, die nicht zu den Gewerbetreibenden zählen. Arzt und Zahnarzt als Freiberufler agieren in dem Spannungsfeld zwischen den Marktcharakteristika Selbständigkeit und Eigenverantwortung und dem sozialen Anspruch auf adäquate Behandlung der Patienten. Die dezentralen Einheiten in der Zahnärztlichen Versorgung, die Zahnarztpraxen, werden von den eigenen Standesorganisationen intern kontrolliert. Außerdem unterliegen sie insbesondere gesetzlichen Bestimmungen. Kostendämpfungsmaßnahmen des Gesetzgebers und der Krankenkassen sowie die Zunahme der frei praktizierenden Zahnärzte lassen erwarten, daß die Kosten-Ertrags-Relation der Zahnarztpraxen künftig zu deren Nachteil verschoben wird. Zwar dominiert beim Zahnarzt die Verfolgung des gesundheitspolitischen Sachziels der zahnmedizinischen Versorgung, dennoch darf sein Formalziel nicht außer acht gelassen werden. Auch der Zahnarzt handelt nicht allein altruistisch, sondern ist bestrebt, ein für ihn angemessenes Einkommen zu erzielen. In einer bewußt ökonomischen Analyse steht selbstverständlich die Problematik der Beeinflußung des Formalzieles in Vordergrund. Das schmälert die Bedeutung des Sachzieles in keiner Weise.

Zur Erhaltung und Verbesserung des Betriebsergebnisses sind grundsätzlich zwei Wege möglich. Der erste Ansatzpunkt zur Beeinflußung des Betriebsergebnisses ist die Ausweitung der Ertragsseite. Hier bringt der Beruf des Zahnarztes jedoch einige Besonderheiten mit sich. So unterliegen Zahnärzte dem Werbeverbot. Ebenso ist der Umfang der Behandlung vom Zahnarzt nur in Grenzen zu beeinflussen, da die Behandlung durch Krankheitsbilder vorgezeichnet ist. Die Zahnärzte bekommen die einzelnen Leistungen zu Preisen vergütet, die von den Standesorganisationen mit den Vertretern der Versichertenorganisationen ausgehandelt werden. Diese Einzelleistungsvergütungen, die in ihrer Relation und Höhe in relativ großen Zeitabständen festgelegt werden, sind für den einzelnen Zahnarzt nicht beeinflußbar. Durch diese „Festpreise für Einzelleistungen" wird ein Preiswettbewerb zwischen den Einzelpraxen ausgeschaltet.

Es liegt unter diesen Bedingungen im Interesse der Zahnärzte, eine hohe und zwischen den Einzelpraxen tendenziell ähnliche Qualität anzustreben (Qualitätswettbewerb). Weil das Angebot der zahnärztlichen

Dienstleistungen (mit Ausnahme der Prothetik seit der Gesundheitsreform vom 1.1.1989 in der GKV) dem Versicherten i.d.R. als Sachleistung zur Verfügung steht, kommt dem Preis folglich auch keine Signalwirkung für den Patienten zu. Der Wettbewerb zwischen Zahnärzten beschränkt sich auch wegen der gebundenen Gebühren vor allem auf qualitative Aspekte.

Hier setzt die Theorie der Zeitallokation an. Danach teilen Wirtschaftssubjekte ihr Zeitbudget so zwischen verschiedenen Tätigkeiten auf, daß der zusätzliche Nutzen bzw. Ertrag der zuletzt verwendeten Zeiteinheit in allen Anwendungen gleich ist. Bezogen auf den Spezialfall der Zahnarztpraxis würde das bedeuten, daß der Zahnarzt seine Zeit zwischen den verschiedenen Tätigkeiten (Arbeit am Stuhl, Verwaltungstätigkeiten) so einteilt, daß das Betriebsergebnis maximiert wird. Unter den Rahmenbedingungen, unter denen die Zahnärzte arbeiten, fallen das oben beschriebene gesundheitspolitische Sachziel (qualitativ hochwertige Versorgung der Patienten) und das Formalziel (Sicherung des Betriebsergebnisses) weitestgehend zusammen.

Sein Formalziel erreicht der Zahnarzt bei intensivem Qualitätswettbewerb durch die zeitintensivere Behandlung der Patienten. Die Ausweitung der Behandlungszeit und die damit mögliche intensivere Beratung stellen für den Zahnarzt aufgrund der o.a. Punkte einen geeigneten Aktionsparameter im Wettbewerb um die Patienten dar. Da die Zahnärzte überwiegend an ihrer zeitlichen Kapazitätsgrenze arbeiten, ist es bei zeitintensiverer Behandlung erforderlich, Zeiteinsparungen in anderen Bereichen, z.B. durch den Praxis-Computer-Einsatz und die damit verbundene Entlastung der Zahnärzte von Routinetätigkeiten vorzunehmen. Dieser Zwang zur Ausweitung der zahnärztlichen Arbeitszeit bei der Behandlung und damit zur Entlastung der Zahnärzte von Verwaltungsarbeiten wird sich durch das Anwachsen der Zahnärztezahlen und durch den dadurch verstärkten Wettbewerb einstellen.

Der zweite Ansatzpunkt zur Beeinflußung des Betriebsergebnisses ist die Kostenseite. Dazu gehören u.a. Personalkosten, Materialkosten und Informationskosten. In diesen Bereichen bietet der Praxis-Computer die Möglichkeit zur Kosteneinsparung. So können die (bedingt durch die von den intermediären Instanzen (KZV) geforderten einheitlichen Formulare) immer umfangreicher werdenden Verwaltungstätigkeiten mit Hilfe zusätzlicher Helfer(innen) oder mit Hilfe von Praxis-Computern bewältigt werden. Dementsprechend können Personalkosten in zweierlei Hinsicht eingespart werden. Zum einen wird eine zusätzliche Helferin nicht mehr benötigt; zum anderen ist es für den Zahnarzt nicht mehr erforderlich, speziell für Verwaltungstätigkeiten ausgebildete Helferinnen zu beschäftigen.

Die Auslastung des Geräts durch diese Arbeiten ist jedoch i.d.R. nicht voll ausgeschöpft. So wäre es denkbar, daß z.B. die Dienstleistungen eines Steuerberaters (teilweise) vom Computer übernommen werden, oder daß es für den Daten(träger)austausch genutzt wird. Derartige Informationskosten können durch den Einsatz von Praxis-Computern gesenkt werden. Daraus ergeben sich weitere Vorteile für den Zahnarzt. Durch den Praxis-Computer stehen diese Informationen zeitnäher zur Verfügung und verbessern somit die Entscheidungsfindung. Zusätzlich zu diesen Dienstleistungen wie Bilanz, Einnahmenüberschußrechnung, Gehaltsabrechnung und Buchführung begünstigt der Praxis-Computer-Einsatz die Anfertigung von Statistiken und Kostenaufstellungen, auf deren Grundlage kostenintensive Kostenstellen herausgefiltert und Entscheidungen über evtl. Maßnahmen getroffen werden können. Von zunehmender Bedeutung dürfte auch die Materialverwaltung und die damit verbundene Kosteneinsparung sein.

Zusammenfassend kann man sagen, daß zwei Trends die Situation einer Zahnarztpraxis beeinflußen: Zunehmender Wettbewerb wegen steigender Zahnarztzahlen und großer bzw. steigender Umfang der Verwaltungsarbeiten. Der zunehmende Wettbewerb verstärkt vornehmlich den Qualitätsdruck. Dies hat zur Folge, daß einerseits Kostensenkungspotentiale in der Praxis ausfindig gemacht werden müssen und andererseits eine weitere Entlastung des Zahnarztes von der Verwaltungsarbeit erforderlich ist.

Zukunftsperspektiven für die Zahnarztpraxen sehen eine fortschreitende „Computerisierung" voraus. Ein vielversprechendes Gebiet ist z.B. die Spracheingabe des Befundes etc. CAM kann durchaus ihren Einzug in einige Praxen halten. Auch dürfte der Daten(träger)austausch ausgeweitet werden.

II. Zielsetzung der Arbeit

In einer schriftlichen Befragung von Zahnarztpraxen, die einen Praxis-Computer einsetzen, in den KZV-Bezirken Koblenz und Trier wurde vor allem festzustellen versucht, in welchen Bereichen der Verwaltungstätigkeit der Praxis-Computer mit welchen Ergebnissen eingesetzt wird und in welchen Bereichen noch Einsatzpotentiale vorhanden sind. Ein weiteres Ziel war die Gewinnung von Daten auf einigen dieser Gebiete, wie z.B. in der Materialverwaltung, bei externen Dienstleistungen, etc. Die gewonnenen Daten und Ergebnisse wurden schließlich mit einigen Überlegungen von Walther[1], der sich mit der Frage des Praxis-Computereinsatzes in Zahnarztpraxen auseinandergesetzt hat, konfrontiert.

Zwei Anwendungsgebiete des Praxis-Computers wurden in den nachfolgenden Interviews genauer untersucht, nämlich Materialverwaltung und Buchführung.

---

[1] Vgl. Walther, Kurt: Der Praxiscomputer, EDV für Zahnarzt und Helferin, Deutscher Ärzte-Verlag, Köln 1986, insbesondere S. 175-178.

III. Ergebnisse

Im Anhang sind die Verteilungen der Antworten bei allen Fragen tabellarisch dargestellt. Im folgenden werden einige zusammengefaßte Ergebnisse diskutiert, die nicht ohne weiteres aus den Verteilungen ablesbar sind.

A. Hochgesteckte Erwartungen

1. Statistiken, Fehlersicherheit und Zeitersparnis

Durch Kombination der Fragen 11 und 14 kann festgestellt werden, ob die Erwartungen bezüglich des Einsatzes von Praxis-Computern in den Bereichen „Statistiken, Fehlersicherheit und Zeitersparnis" erfüllt worden sind. Von Enttäuschung soll gesprochen werden, wenn für die Praxisinhaber diese Aspekte bei der Entscheidung für den Praxis-Computer eine sehr starke, starke oder mittelmäßige Rolle gespielt haben, sie jedoch beim Einsatz lediglich einen schwachen oder gar keinen Vorteil des Praxis-Computereinsatzes in diesen Bereichen sehen. Als Überraschung soll der umgekehrte Fall bezeichnet werden. Diese Aspekte wurden bei der Entscheidung für den Praxis-Computer nicht oder nur sehr schwach bewertet, beim Einsatz ergab sich dann jedoch ein starker Vorteil.

Eine weitere Differenzierung der Erwartungen bezüglich der Zeitersparnis ergab folgendes Bild: In 5 Fällen war die Enttäuschung besonders stark ausgeprägt, da die Erwartung sehr hoch war und beim Einsatz kein Vorteil gesehen wird. Auch bei den Überraschungen gab es 3 extreme Fälle, denn der Einsatz des Praxis-Computers wird trotz gegenteiliger Erwartung besonders hoch bewertet.

Aspekt	Enttäuschung	Überraschung
	Praxen in %	
Statistiken	18	2
Fehlersicherheit	28	2
Zeitersparnis	30	16

Tab. 1: Erfüllung von Erwartungen

Das Überwiegen von Enttäuschungen kann z.B. davon abhängen, daß die Informationen des Zahnarztes vor der Entscheidung für einen Praxis-Computer falsch und/oder zu hochgesteckt waren. Dies kann hier nicht überprüft werden. Eine weitere Erklärung wäre, daß die enttäuschten Zahnärzte erst relativ kurze Zeit den Praxis-Computer besitzen und in Anfangsschwierigkeiten stecken. Diese Hypothese wurde in bezug auf den Aspekt „Fehlersicherheit" *in umgekehrter Richtung* bestätigt, bezüglich der aktuellen Informationen (Statistiken) und der Zeitersparnis jedoch nicht. Die Computerneulinge waren unter den Enttäuschten unterrepräsentiert.

2. Arbeitserleichterung

Die oben erwähnte Enttäuschung der Erwartungen ist auch im folgenden Zusammenhang zu beobachten. Tabelle 2 gibt Auskunft darüber, wieviele Praxen bei der Entscheidung für den Praxis-Computer eine sehr starke, starke oder mittlere Vereinfachung von Verwaltungsabläufen (Frage 11) erwarteten, den eingetretenen Vorteil bei der Arbeitserleichterung (Frage 14) jedoch als schwach oder gar nicht existent beurteilen.

Arbeitserleichterung für	Praxen in %
Zahnarzt	41
Personal	67
Beide	38

Tab. 2: Enttäuschung bezüglich der Arbeitserleichterung

Der umgekehrte Fall einer positiven Überraschung ist nur einmal aufgetreten.

Dabei konnte festgestellt werden, daß in den Praxen, in denen die Tätigkeiten nur vom Personal erledigt werden, eine Arbeitserleichterung bei der Durchführung der Verwaltungstätigkeiten mit dem Praxis-Computer besteht. Bezüglich der Arbeitserleichterung des Zahnarztes ergab sich ein unkorreliertes Bild unabhängig davon, ob der Zahnarzt die Tätigkeiten selbst durchführt oder gemeinsam mit einer Helferin.

Tätigkeit	starker Vorteil	schwacher Vorteil	kein Vorteil
	Praxen in %		
Abrechnung der KFO-Fälle	4	–	–
PAR-Staten	1	1	–
Prothetikanträge schreiben	48	32	4
Prothetikanträge abrechnen	48	35	5
Privatrechnungen schreiben	38	26	5
Quartalsabrechnung	34	22	4
Verwaltung der Patientendaten	47	28	5
Patienten-Historie	29	20	3
Zahlungsüberwachung/ Mahnungen	21	18	3
Krankenscheinmahnungen	32	27	4
Recall	22	13	3
Terminvergabe	1	–	–
Materialverwaltung	–	3	–
Kostenaufstellung	2	6	–
Leistungsstatistiken	7	6	2
Buchführung	4	–	–
Monatsgehälter abrechnen	–	–	–
Textverarbeitung	11	8	1

Tab. 3: Arbeitserleichterung des Personals

Tätigkeit	starker Vorteil	schwacher Vorteil	kein Vorteil
	Praxen in %		
Abrechnung der KFO-Fälle	3	1	–
PAR-Staten	–	1	–
Prothetikanträge schreiben	1	2	–
Prothetikanträge abrechnen	1	1	–
Privatrechnungen schreiben	3	4	2
Quartalsabrechnung	2	2	–
Verwaltung der Patientendaten	–	1	–
Patienten-Historie	2	1	1
Zahlungsüberwachung/ Mahnungen	3	3	3
Krankenscheinmahnungen	–	1	–
Recall	–	1	–
Terminvergabe	–	–	–
Materialverwaltung	–	–	–
Kostenaufstellung	2	4	2
Leistungsstatistiken	15	22	17
Buchführung	4	3	3
Monatsgehälter abrechnen	1	1	1
Textverarbeitung	3	7	5

Tab. 4: Arbeitserleichterung des Zahnarztes

3. Beurteilung der Automation und Praxisgröße

Was die Praxisorganisation betrifft, so sind zwei Hypothesen plausibel:
1) Die größeren Praxen bewerten die Automation vorteilhafter als die kleineren Praxen, da das Gewicht und die Rentabilität der Organisation mit der Praxisgröße wächst.
2) Die Organisation in den kleineren Praxen ist erst durch den Praxis-Computer rentabel einführbar. Die größeren Praxen sind schon vorher gezwungen, den Praxisbetrieb auch ohne den Praxis-Computer besser zu organisieren.

In der folgenden Tabelle wurde als Indikator für die Praxisgröße die Größe des Personals benutzt. Im Durchschnitt waren 5,3 Personen in den Praxen beschäftigt (Zahntechniker und Assistenzzahnarzt wurden nicht mitgezählt).

Tätigkeit	Praxisgröße über dem Durchschnitt	Praxisgröße unter dem Durchschnitt
	Praxen in %	
Abrechnung der KFO-Fälle	13	17
PAR-Staten	12	13
Prothetikanträge schreiben	36	60
Prothetikanträge abrechnen	36	60
Privatrechnungen schreiben	35	61
Quartalsabrechnung	33	56
Verwaltung der Patientendaten	31	55
Patienten-Historie	26	41
Zahlungsüberwachung/Mahnungen	31	54
Krankenscheinmahnungen	27	48
Recall	24	33
Terminvergabe	3	5
Materialverwaltung	12	11
Kostenaufstellung	17	39
Leistungsstatistiken	31	51
Buchführung	16	28
Monatsgehälter abrechnen	8	14
Textverarbeitung	29	44

Tab. 5: Arbeitsunterstützung durch Automation wertvoll oder sehr wertvoll.

In der Tendenz wird eher die zweite Hypothese bestätigt: Kleinere Praxen beurteilen die Arbeitsunterstützung durch die Automation durchweg vorteilhafter als größere Praxen. Der Grund dürfte in der geringeren Personaldecke einer kleinen Praxis liegen: Eine Arbeitsteilung läßt sich nur schwer realisieren.

Die Praxen, die die Arbeitsunterstützung durch die Automation als sehr wertvoll oder als wertvoll einstuften, wurden näher untersucht, und zwar sollte herausgefunden werden, welche Aspekte des Praxis-Computereinsatzes einen starken oder einen schwachen Vorteil aufweisen. Aus Frage 14 wurden die Einsparung von Arbeitskräften, die Zeitersparnis, die Kosteneinsparungen, die Arbeitserleichterung des Zahnarztes und die Arbeitserleichterung des Personals herausgezogen. Es ergab sich ein einheitliches Bild: Die kleineren Praxen sehen in allen diesen Aspekten einen größeren Vorteil als die größeren Praxen. Im fol-

Tätigkeit	Personalgröße oberhalb des Durchschnitts	Personalgröße unterhalb des Durchschnitts
	Praxen in %	
Abrechnung der KFO-Fälle	13	15
PAR-Staten	12	11
Prothetikanträge schreiben	32	47
Prothetikanträge abrechnen	32	47
Privatrechnungen schreiben	31	47
Quartalsabrechnung	29	45
Verwaltung der Patientendaten	28	45
Patienten-Historie	22	32
Zahlungsüberwachung/Mahnungen	28	44
Krankenscheinmahnungen	23	37
Recall	23	28
Terminvergabe	3	4
Materialverwaltung	11	10
Kostenaufstellung	14	21
Leistungsstatistiken	29	44
Buchführung	15	23
Monatsgehälter abrechnen	8	10
Textverarbeitung	25	36

Tab. 6: Bewertung der Zeitersparnis nach Praxisgröße

genden wird exemplarisch das Ergebnis hinsichtlich der positiven (=starker oder schwacher Vorteil) Bewertung der Zeitersparnis dargestellt.

4. Praxis-Computereinsatz und Rationalisierung

Sowohl die noch nicht abgeschlossene Miniaturisierung der Hardwarekomponenten als auch die ebenfalls noch nicht abgeschlossene Preissenkung der Rechenleistungen haben die Verbreitung der dezentralen Datenverarbeitung begünstigt und vorwärtsgetrieben. So ist auch nicht verwunderlich, daß „Kleinbetriebe" wie z.B. Zahnarztpraxen zunehmend diese Möglichkeit nutzen.

Damit ist aber noch nicht gesagt, daß der Praxis-Computer ein Allheilmittel wäre, mit dem man jede Praxis optimal organisieren, sprich rationalisieren kann. Der Praxis-Computer als solcher zwingt niemanden zur besseren Organisation, geschweige denn zur optimalen Organisation. Daher ist es ein wesentliches Kriterium (neben den Kosten einer Anlage) zur Bewertung des Praxis-Computereinsatzes, inwiefern die Soft- bzw. Hardware selbst eine Organisationsverbesserung nahelegt.

Mit der Automation eng verbunden ist die Vorstellung von der Einsparung von Arbeitskräften. Lediglich 2 von 90 Praxen sehen darin einen starken Vorteil, 24 Praxen einen schwachen und 64 Praxen schließlich keinen Vorteil des Praxis-Computereinsatzes. Weil die Kosten der Praxen zum großen Teil aus Personalkosten bestehen, ist es auch verständlich, daß die Einschätzung der Kosteneinsparungen als Folge des Praxis-Computereinsatzes in die gleiche Richtung wies: 1 Praxis von 86 sah darin einen starken Vorteil, 37 sahen einen schwachen und 48 keinen Vorteil.

Was die Arbeitserleichterung des Personals und des Zahnarztes betrifft, war hier ein starker Vorteil beim Personal festzustellen (51 Praxen von 94 Praxen). Weil der Zahnarzt selbst weniger mit der Verwaltungsarbeit zu tun hat, ist es verständlich, daß ein starke Vorteil bei ihm selbst in weniger Praxen gesehen wird (24 von 91 Praxen).

Bei der Entscheidung für den Praxis-Computer spielten in 27 Fällen Praxisengpässe eine sehr starke oder starke Rolle. 24 dieser Praxen sahen später durch den Praxicomputereinsatz einen Vorteil (stark oder schwach), was die Zeitersparnis betrifft. Bei der Arbeitserleichterung für das Personal war die Situation die Gleiche, bei der des Zahnarztes waren es 20 Praxen. In der Einsparung von Arbeitskräften sahen nur 11 von den 24 Praxen einen starken oder schwachen Vorteil.

B. Materialverwaltung

Zunächst wurde untersucht, ob die jährlichen Ausgaben für das Verbrauchsmaterial und das Leistungsspektrum der Praxis (z.B. Prothetikanteil an allen Leistungen) oder die Praxisgröße (gemessen an der Scheinzahl) miteinander korrelieren. Es konnte jedoch kein statistischer Zusammenhang in diesen Bereichen beobachtet werden. Auch beim Vergleich des durchschnittlichen Verbrauchsmaterialbestandes mit den o.a. Größen konnte kein signifikanter Zusammenhang festgestellt werden.

Nur wenige Praxen setzen den Praxis-Computer für die Materialverwaltung ein. Ein möglicher Grund ist naheliegend: Die Anwendung des Praxis-Computers läßt sich nicht ohne zusätzlichen Aufwand realisieren. Die benötigten Materialien sind sehr oft nicht in verbrauchsfertigen Mengen mit einem „bar code" vorhanden. Bei Bestellungen handelt es sich um relativ kleine Aufträge, die eine EDV-unterstützte Bestellweise unrentabel erscheinen lassen, es sei denn, der Handel will diese Methode einführen und den Zahnärzten die Anschaffung entsprechender Geräte (z.B. BTX, Telefax, Modem, etc.) nahelegen. Der Vorteil für den Handel bei dieser Bestellweise ist offensichtlich.

Die Hypothese, daß die Praxen, die momentan für die Materialverwaltung ausschließlich oder hauptsächlich den Praxis-Computer einsetzen (6 Praxen), z.B. wegen eines besseren Marktüberblicks viele Zulieferer hätten, wurde nicht bestätigt.

Die weitere Frage, warum die Praxen ein vorhandenes Materialverwaltungsprogramm nicht einsetzen, brachte das erwartete Ergebnis: Die Benutzung der Programme ist zu arbeitsaufwendig und/oder es besteht kein Bedürfnis, sie einzusetzen.

Angesichts der großen Streuung der Ausgaben für Verbrauchsmaterial einerseits und des fehlenden Zusammenhangs weder zur Praxisgröße noch zum Leistungsspektrum, dürften die Unterschiede in der *individuellen* Praxisführung liegen. So bewerteten von den Praxen, die bezüglich der Ausgaben für Verbrauchsmaterial über dem Durchschnitt liegen, 10 die Automation als gar nicht wertvoll, 8 als wenig wertvoll, dagegen 5 als wertvoll und 1 als sehr wertvoll.

Auch zwischen der Personenzahl als Indikator für die Praxisgröße und der Art der Materialverwaltung besteht keine eindeutige Tendenz, daß größere Praxen diese mit Hilfe des Praxis-Computers erledigen würden: Unter den 6 Praxen, die den Praxis-Computer für die Materialverwaltung einsetzen, sind kleine und grosse Praxen vertreten.

C. Externe Dienstleistungen

Externe betriebswirtschaftliche Dienstleistungen werden von den Praxen sehr stark in Anspruch genommen, obgleich entsprechende Programmteile vorhanden bzw. erwerbbar sind. Diese Dienstleistungen (Kostenaufstellungen, Buchführung und Gehälter abrechnen) sind in sehr hohem Masse automatisierbar und in Programmen implementierbar. Externe Anbieter (z.B. Steuerberater) benutzen bereits die EDV. Wenn die Dienstleitungen externer Stellen weiterhin in Anspruch genommen werden, taucht die Frage nach dem Datenträgeraustausch früher oder später auf. Das heißt, daß die Daten bereits in der Praxis eingegeben werden. Der nächste Schritt wäre, die Verarbeitung der Daten ebenfalls in der Praxis stattfinden zu lassen. Das für diese Arbeiten benötigte Wissen des externen Anbieters ist in dem entsprechenden Programm implementiert. Vom Anwender wird zwar ein gewisser Wissensstand erwartet, dieser bezieht sich aber eher auf die Bedienung des Programms.

Eine Differenzierung zwischen den Praxen ist in diesem Bereich jedoch erforderlich. Einige Praxen werden wachsen, andere dagegen schrumpfen. Dies bringt z.B. Entscheidungen mit sich, wann und welche Personen eingestellt bzw. entlassen werden sollen, wie die Arbeiten unter dem Personal verteilt werden und welche Dienstleistungen extern bezogen werden. Eine weitere Reaktion auf die Entwicklung ist die Rationalisierung z.B. durch einen Praxis-Computer. So haben *Praxisengpässe* bei der Entscheidung für den Praxis-Computer in 61 von 83 Fällen eine Rolle gespielt. Hier besteht die Entscheidung zwischen den Alternativen „Mensch oder Maschine". Eine Alternative zur Anschaffung eines Praxis-Computers wäre z.B. gewesen, neues Personal einzustellen, das dann in der ersten Phase der weiteren Praxisentwicklung unterausgelastet gewesen wäre. Eine weitere Möglichkeit besteht darin, externe Dienstleistungen in bestimmten Bereichen in Anspruch zu nehmen, um die Praxiskapazität zu entlasten.

Bevor Praxis-Computer existierten, war die Strategie, externe Dienstleistungen auf dem betriebswirtschaftlichen Gebiet in Anspruch zu nehmen, in den meisten Fällen eine rationale und richtige Lösung. Die Gewöhnung an die existierende Situation kann jedoch den Blick auf Alternativen verstellen und neue Lösungen hinauszögern.

In bezug auf den Zusammenhang zwischen der Inanspruchnahme von externen Dienstleistungen und der Praxisgröße wurden die drei Tätigkeitsbereiche in den Praxen, die stark von externen Dienstleistungsanbietern dominiert sind, daraufhin untersucht, ob dort Unterschiede in der Inanspruchnahme feststellbar sind, die auf die Praxisgröße zurückzuführen sind. Wie die folgende Tabelle zeigt, wurden die externen Dienstleistungen vermehrt von unterdurchschnittlich großen Praxen in Anspruch genommen.

Tätigkeit	Unterhalb des Durchschnitts	Oberhalb des Durchschnitts
	Praxen in %	
Kosten aufstellen	16	6
Buchführung	27	22
Monatsgehälter abrechnen	39	31

Tab. 7: Inanspruchnahme externer Dienstleistungen nach Praxisgröße

D. Vergleich mit bereits vorliegenden Ergebnissen aus anderen Untersuchungen

Umfangreiche Untersuchungen zur Frage des Einsatzes von Praxis-Computern wurden vor allem von K. Walther vorgelegt.[2] Im folgenden werden daher einige zentrale Ergebnisse aus diesen Untersuchungen mit unseren Daten konfrontiert.

- Bei der Erledigung von Verwaltungsarbeiten zeigt sich folgendes: Es werden nicht nur komplexe Anträge in der Prothetik mit dem Praxis-Computer erledigt, sondern praktisch alles auf diesem Gebiet.
- Bezüglich der Hoffnung auf eine Reduzierung der Fehler betont Walther, daß auf dieses Kriterium großes Gewicht gelegt wird. In diesem Punkt ist in unserer Untersuchung die große Zahl der enttäuschten Benutzer besonders auffallend.
- In 24 Praxen wird der Praxis-Computer für die Erledigung der Buchführung eingesetzt. In diesem Punkt ist auch Walther überzeugt, daß sich der Einsatz von Praxis-Computer lohnt.
- Nur 1 Praxis setzt für die Terminvergabe den Praxis-Computer ein. Auch Walther ist skeptisch, daß hier eine effiziente Einsatzmöglichkeit gegeben ist.
- Nach unseren Ergebnissen setzen nur 6 Praxen den Praxis-Computer für die Materialverwaltung ein. Auch Walther ist in bezug auf die Zweckmäßigkeit des Einsatzes für Materialverwaltung eher skeptisch.

E. Warum werden vorhandene Programme nicht genutzt

Interessant erscheint die Frage, welche Arbeiten ohne oder hauptsächlich ohne Praxis-Computer durchgeführt wurden, obgleich das entsprechende Programm vorhanden war. Die wichtigsten Gründe sind aus der folgenden Tabelle ersichtlich.

---

[2] Vgl. Walther, Kurt: Der Praxiscomputer, EDV für Zahnarzt und Helferin, Deutscher Ärzteverlag, Köln 1986.

Tätigkeit	zu arbeits-aufwendig	kein Bedürfnis	beides	Ins-gesamt	Keine Antwort
	Praxen in %				
Abrechnung der KFO-Fälle	3	8	–	12	2
PAR-Staten	4	11	–	15	–
Prothetikanträge schreiben	–	–	–	–	–
Prothetikanträge abrechnen	–	–	–	–	–
Privatrechnungen schreiben	–	–	–	–	–
Quartalsabrechnung	4	–	–	4	–
Verwaltung der Patientendaten	–	–	–	–	2
Patienten-Historie	3	8	–	12	4
Zahlungsüberwachung/ Mahnungen	3	7	–	11	4
Krankenscheinmahnungen	7	11	–	18	4
Recall	13	11	1	24	4
Terminvergabe	13	17	3	33	2
Materialverwaltung	18	9	2	30	4
Kostenaufstellung	5	8	1	15	5
Leistungsstatistiken	3	1	–	4	–
Buchführung	7	13	2	22	3
Monatsgehälter abrechnen	7	1	–	8	2
Textverarbeitung	5	3	–	8	2

Tab. 8: Warum werden Programme nicht eingesetzt?

„Keine Antwort" bezieht sich auf die Praxen, die bei der Frage 24a angegeben haben, daß sie den Praxis-Computer bei der betreffenden Tätigkeit nicht einsetzen, aber die Frage 24b nicht beantwortet haben.

Es überrascht nicht, daß beim Recall, bei der Terminvergabe und bei der Materialverwaltung die höchsten Fallzahlen auftreten. Entweder sind die Programme umständlich oder aber die Tätigkeiten lassen sich nicht mit dem Praxis-Computer rationalisieren. In den mündlichen Interviews wurde u.a. speziell diesen Fragen nachgegangen.

IV. Interviews in ausgewählten Praxen

A. Erkenntnisziel

Die Auswertung der schriftlichen Befragung ergab, daß nur ein sehr geringer Anteil der Zahnarztpraxen den Praxis-Computer als betriebswirtschaftliche Entscheidungshilfe nutzt. So verwenden von den insgesamt 94 Praxen, die den Fragebogen beantworteten, nur sechs Praxen den Praxis-Computer für die Materialverwaltung und 30 für die Buchführung. Anhand der Interviews sollte daher eruiert werden, weshalb der Praxis-Computer in diesen Bereichen so selten eingesetzt wird.

Im Juli/August 1990 wurden die Praxen, an die ein Fragebogen versandt worden war, vom IDZ nach ihrer Bereitschaft zu einem Interview befragt. Von den insgesamt 60 Praxen, die sich für ein Interview zur Verfügung stellen wollten, wurden neun Praxen ausgewählt. Dies waren sowohl einige Praxen, die mindestens einen der Bereiche Materialverwaltung und Buchführung mit Praxis-Computer durchführen, als auch einige Praxen, die mit den gleichen Programmen arbeiten, den Praxis-Computer jedoch nicht in den genannten Bereichen einsetzen.

Es sollte durch die Interviews ermittelt werden, warum der Praxis-Computer eingesetzt bzw. nicht eingesetzt wird.

B. Ergebnisse

1. Praxisprofil

Die interviewten Praxen benutzen den Praxis-Computer schon länger als zwei Jahre. Die Zufriedenheit mit dem Programm und mit dem Anbieter waren eindeutig sehr hoch. Alle Praxen sehen den Anbieter als kompetenten Ansprechpartner, der gerne zur Hilfestellung bereit ist und Verbesserungsvorschläge zu verwirklichen versucht.

Als Gründe für die Wahl des Programms wurde oft das Preis-Leistungs-Verhältnis erwähnt. Das Kriterium Preis-Leistungs-Verhältnis impliziert, daß vor der Anschaffung des Praxis-Computers Produkte verglichen wurden. Andere Gründe waren Empfehlungen von Kollegen und die Nähe des Anbieters gewesen.

2. Materialverwaltung

Bezüglich der Materialverwaltung stellte sich heraus, daß dieses Programm sehr selten benutzt wird. Eine interviewte Praxis setzte das Programm nur bei Edelmetallen ein und eine andere benutzte ein Tabellenkalkulationsprogramm.

Als Grund für den Nicht-Einsatz bzw. die Nicht-Anschaffung dieses Programmteils wurden überwiegend drei Argumente genannt:
1) Die Anzahl der Verbrauchsmaterialien ist in den Praxen so gering (50 - 150), daß der Aufwand sich nicht lohnt, die Verwaltung mit dem Praxis-Computer zu erledigen. Bei Spezialisten nimmt allerdings die Differenzierung stark zu (es wurde einmal die Zahl 600 genannt).
   Die geringe Anzahl impliziert, daß man mit der jetzigen Art der Erfassung (Kontrolle und Benachrichtigung beim Abgang) zufrieden ist (z.B. sind Fehler gering).
2) Die Eingabe der Zu- und Abgänge mit dem Praxis-Computer ist zu zeitaufwendig. Hemmend kommt noch hinzu, daß man die Preise aus den Katalogen eintippen müßte, um den Vorteil des Preisvergleichs realisieren zu können. In diesem Zusammenhang wurde auch darauf hingewiesen, daß unterschiedliche Maßeinheiten den Preisvergleich erschweren. (Hier könnten die Programme allerdings die Umsetzung auf eine Maßeinheit erleichtern.)
3) Als dritten Grund erwähnten mehrere Praxen die Vorteilhaftigkeit der Verbindung zwischen einem oder mehreren Lieferanten und der Praxis. Deshalb bestehe kein dringendes Bedürfnis für Preisvergleiche.

Die Praxisinhaber geben zwar zu, daß Preisvergleiche mit dem Praxis-Computer im Prinzip leichter wären, sehen aber keinen Bedarf oder scheuen die hohen Zeitkosten.

3. Buchführung

Buchführung erledigt nur ein Praxisinhaber selbst. Alle anderen nehmen Dienstleistungen von einem Steuerberater in Anspruch. Als Grund für den Nicht-Einsatz des Praxis-Computers wurden immer wieder die Schwierigkeit der Programme und die Fremdheit der Materie genannt. Von den Handbüchern wird erwartet, daß sie beide Probleme lösen.

Mit den Dienstleistungen der Steuerberater sind die Praxisinhaber zufrieden. Bei eventueller Unzufriedenheit in der Vergangenheit haben sie den Steuerberater gewechselt.

Die Bereitschaft, Buchführung mit dem Praxis-Computer zu erledigen, ist vorhanden, aber dafür müßte der Preis für die Dienstleistungen des

Steuerberaters steigen, ehe das für zweckmäßig gehalten wird. Es herrschte keine klare Vorstellung darüber, wie hoch dieser Preis wäre.

4. Zusammenfassung

Die Interessen des Praxisinhabers scheinen der entscheidende Faktor zu sein, der den Einsatz des Praxis-Computers auf den zwei Gebieten bestimmt, die in dieser Untersuchung im Vordergrund stehen (Materialverwaltung und Buchführung). Was die Materialverwaltung betrifft, so gehört zum Einsatz des Praxis-Computers zusätzlich zum Interesse offensichtlich eine gute Portion „Pioniergeist" und „Enthusiasmus". Bei der Buchführung kommt noch die für viele Praxisinhaber fremde Materie hinzu, die den Einsatz dieser Programmmodule verhindert. Nur in Gemeinschaftspraxen bzw. Praxisgemeinschaften mit einer Verwaltungsangestellten wäre der Einsatz unter Umständen lohnend.

V. Ein IDZ-Workshop zum EDV-Einsatz in der Zahnarztpraxis

Auf einem vom Institut der Deutschen Zahnärzte (IDZ) Köln veranstalteten Workshop am 05. September 1991 in Köln wurden u.a. die Ergebnisse dieser Untersuchung vorgestellt und diskutiert. Dabei konnten die Teilnehmer, vor allem die Vertreter der angesprochenen Software-Häuser, aber auch Vertreter der Zahnärzte u.a. die Ergebnisse insofern bestätigen, als die Neigung der Zahnärzte, die bestehende Software zur Finanzbuchhaltung in der eigenen Praxis anzuwenden, relativ gering ist.

Einen etwas anderen Eindruck hat man in bezug auf das Interesse der Zahnärzte in den neuen Bundesländern. Während in Westdeutschland ca. 20% der EDV einsetzenden Zahnarztpraxen am Einsatz in der Finanzbuchhaltung unmittelbar interessiert sind, sind es nach Auskunft der Vertreter einiger Software-Häuser in den neuen Bundesländern ca. 60%.

Mangelndes Interesse heißt nicht, daß grundsätzlich die Zahnarztpraxen einem Einsatz der Finanzbuchhaltung indifferent gegenüberstünden. Allerdings erweisen sich die heute angebotenen Finanzbuchhaltungsprogramme angesichts des Bedarfs der Zahnarztpraxen als einerseits zu umständlich und zeitaufwendig in der Anwendung, andererseits im Ergebnis als zu wenig aussagekräftig für den Informationsbedarf der Zahnärzte. Insbesondere wurde der durchgängig verwendete Datev-Kontenrahmen als zu aufwendig kritisiert. Er liefere einerseits zu detaillierte Informationen, die andererseits jedoch für das Informationsinteresse des Zahnarztes nicht optimal seien.

Die heute angebotene Software für Finanzbuchhaltung in Zahnarztpraxen setzt wegen ihrer Aufwendigkeit eine längere Schulung der Anwender voraus. Aus der Sicht der Zahnärzte ist jedoch die Bereitschaft, an solchen Schulungsprogrammen – die von einigen Software-Häusern angeboten werden – teilzunehmen, äußerst gering. Es zeigt sich erneut die außerordentlich hohe zeitliche Beanspruchung der Zahnärzte und des Personals in Zahnarztpraxen. Nur ca. 10-20% der Zahnarztpraxen sind für derartige Schulungsprogramme zu gewinnen.

Wenn die Bereitschaft der Zahnärzte und des Personals in Zahnarztpraxen zur Anwendung der EDV für betriebswirtschaftliche Analysen deutlich ausgeweitet werden soll, dann ist es unumgänglich, spezielle Software auf die Belange der Zahnarztpraxen abzustimmen und hierfür zu entwickeln. Immer wieder hervorgehoben wurde, daß die vom Zahnarzt benötigten Informationen keineswegs besonders detailliert sein müssen, stattdessen sind Zahnärzte an relativ wenigen, aber den „richtigen" Informationen interessiert. Zum anderen muß die Anwendung und die Interpretation der Tatsache Rechnung tragen, daß Zahnärzte in ihrer Eigenschaft als Zahnärzte tätig sein wollen. Software-Programme müssen daher betriebswirtschaftliche Entscheidungshilfen in einer Form bieten, die auch vom Nicht-Fachmann angewandt, überblickt und interpretiert werden kann.

Um diesem Bedürfnis zu entsprechen, wurden auf dem oben genannten Workshop mehrere Ideen entwickelt. Eine Möglichkeit besteht darin, den Zahnarztpraxen eine Finanzbuchhaltung mit einem „abgespeckten" Kontenrahmen zur Verfügung zu stellen, der wegen seiner einfachen Form auch vom Praxispersonal ohne nennenswerte Schulung gehandhabt werden kann. In einer sehr einfachen Version könnten die für die Finanzbuchhaltung erforderlichen Daten in der Arztpraxis erfaßt werden, wobei diese in der Arztpraxis selbst lediglich für ein einfaches Zahnarztinformationssystem verwandt werden. Die Auswertung der Finanzbuchhaltung kann einer externen Stelle (Steuerberater) vorbehalten bleiben. In der einfachsten Form könnten die erforderlichen Daten für ein Praxisinformationssystem dadurch gewonnen werden, daß der Zahnarzt – wie bisher meist schon – die Einnahmenverwaltung (offene Postenverwaltung) über EDV fortführt. Würde dies ergänzt durch eine EDV-mässige Verwaltung der Auszahlungen und Banküberweisungen, so stünden damit bereits die wichtigsten Informationen für ein Praxisinformationssystem zur Verfügung. Auf diese Weise könnte gleichzeitig mit Rationalisierungsmaßnahmen in der Praxis die Datenerfassung für die Finanzbuchhaltung erledigt werden. Das Praxisinformationssystem muß vor allem in einfacher und übersichtlicher Form aggregierte Daten zum Praxisergebnis, zum Praxiskostenanteil, aber – für die Belange des Zahnarztes ebenfalls wichtig – auch Daten zu den laufenden und erforderlichen Privatentnahmen wie Lebenshaltung, Steuern, Versicherungen etc. enthalten. Hier reicht es, sich auf wenige aggregierte Ergebnisse zu beschränken. Wichtiger ist die Interpretierbarkeit und die Anschaulichkeit der Aufbereitung.

Einigkeit bestand unter den Workshop-Teilnehmern u.a. auch darin, daß die Daten des Praxis-Informationssystems in möglichst anschaulicher, visualisierter Form zur Verfügung gestellt werden sollten und daß die Daten eine Einordnung der eigenen Ergebnis-, Kosten- und Praxissituation im Vergleich zu anderen ähnlichen Zahnarztpraxen gestatten sollte. Es ist jedoch sicherzustellen, daß derartige Betriebsvergleiche zwischen Zahnarztpraxen ausschließlich der Information der Einzelpraxis dienen. Auf welche Bereiche sich das Praxisinformationssystem über einen engen Satz von Ergebnis- und Kostenkennzahlen hinaus noch erstrecken sollte (Privatentnahmen; vorgeschlagen wurden auch Programmteile zur Immobilienverwaltung etc.), hängt entscheidend davon ab, daß auf diese Weise nicht wiederum die Anwendung des Systems zu kompliziert und überfrachtet wird, was – wie oben bereits gesagt – heute der Akzeptanz keineswegs förderlich ist.

Ein weiteres, die Akzeptanz der heutigen Software behinderndes Problem liegt in einer überwiegend betriebswirtschaftlichen Terminologie, auf der die heutigen Software-Programme aufbauen (Abschreibung für Anlagegüter (AfA), Geringwertige Wirtschaftsgüter (GWG) etc.). Auch hier sollte dafür gesorgt werden, daß allein durch die verwendete Diktion die Anwendungsvorbehalte der Zahnärzte abgebaut werden. Auch der Hinweis, daß im Prinzip jede einzelne Zahnarztpraxis ein Interesse an anderen Teilinformationen hat, wurde auf dem Workshop diskutiert. Auch hier geht es wieder darum, möglichst nicht zu viele unterschiedliche Belange durch ein Softwarepaket abdecken zu wollen, da dies den Umfang und die Handhabung wiederum erschwert und sich negativ auf die Akzeptanz auswirken wird.

Die Workshop-Teilnehmer kamen daher überein, in einer Arbeitsgruppe u.a. einen überschaubaren Satz von Standardinformationen herauszuarbeiten, die für den größten Teil der Zahnarztpraxen von zentraler Bedeutung sind. Diese Arbeitsgruppe soll des weiteren einen deutlich vereinfachten Standardkontenrahmen entwickeln, dessen Handhabung deutlich einfacher ist als die des heutigen Datev-Kontenrahmens und der mittelfristig als Standard unter den Zahnarztpraxen anerkannt werden kann. Die Akzeptanz bereits vorhandener, vereinfachter Kontenrahmen scheitert heute vor allem daran, daß diese keinem allgemein akzeptierten Standard entsprechen.

Auf dem Workshop wurde ebenfalls diskutiert, ob es möglich ist, durch Software-Erweiterungen dem Zahnarzt Simulationsmodelle für die betriebswirtschaftliche Leitung seiner Praxis zur Verfügung zu stellen, die ihm bei anstehenden betriebswirtschaftlichen Entscheidungen die daraus resultierenden Auswirkungen auf Praxisergebnis, Kostenhöhe und Kostenstruktur etc. zeigen. Solche Simulationen könnten beispielsweise die Entscheidungen zwischen der Nutzung eines Fremd- oder Eigenlabors erleichtern. Auch wären sie eine Hilfe, um das Delegationsverhalten des Zahnarztes zu optimieren und seine eigene Zeit auf besonders wichtige nicht delegationsfähige Leistung zu konzentrieren. Auch hier ist wieder auf eine möglichst einfache Handhabung und Aufbereitung der Ergebnisse zu achten. Wenn Simulationssysteme in die oben beschriebenen Software-Pakete eingefügt werden, besteht die Gefahr, daß diese wiederum komplizierter und anwendungsunfreundlicher werden.

VI. Verzeichnis der Tabellen

Tabelle 1: Erfüllung von Erwartungen 13

Tabelle 2: Enttäuschung bezüglich der Arbeitserleichterung 14

Tabelle 3: Arbeitserleichterung des Personals 15

Tabelle 4: Arbeitserleichterung des Zahnarztes 16

Tabelle 5: Arbeitsunterstützung durch Automation wertvoll oder sehr wertvoll 17

Tabelle 6: Bewertung der Zeitersparnis nach Praxisgröße 18

Tabelle 7: Inanspruchnahme externer Dienstleistungen nach Praxisgröße 21

Tabelle 8: Warum werden Programme nicht eingesetzt? 23

VII. Anhang

Ergebnisse der schriftlichen Befragung

A. Fragen und Verteilungen der Antworten

Frage 1: Zu welcher Ortsgrößenklasse zählt Ihr Praxisstandort?

	Ausprägung	Häufigkeit	%
Ortsgröße	bis 5	22	23.4
in Tsd.	5 bis 20	32	34.0
	20 bis 100	25	26.6
	über 100	15	16.0
	TOTAL	94	100.0

Frage 2: Wie lange sind Sie schon zahnärztlich behandelnd tätig?

	Ausprägung	Häufigkeit	%
Dauer	1 bis 5	10	10.6
in Jahren	5 bis 10	21	22.3
	10 bis 15	28	29.8
	15 bis 20	17	18.1
	über 20	18	19.1
	TOTAL	94	100.0

Frage 3: Handelt es sich bei Ihrer Praxis um eine Einzelpraxis, um eine Gemeinschaftspraxis oder um eine Praxisgemeinschaft?

	Ausprägung	Häufigkeit	%
Praxisart	Einzelpraxis	76	80.9
	Gemeinschaftspraxis	15	16.0
	Praxisgemeinschaft	3	3.1
	TOTAL	94	100.0

Frage 3a: Wieviele Praxisinhaber (einschließlich Ihrer Person) hat Ihre Gemeinschaftspraxis/Praxisgemeinschaft?

	Ausprägung	Häufigkeit	%
Personen	2	18	100.0
	TOTAL	18	100.0

Frage 4: Wie setzt sich die Angestelltenstruktur Ihrer Praxis (Gesamtbetrieb) zusammen?

Merkmal	0	1	2	3	4	5	6	Keine Antwort
				Praxen in %				
AssistenzZA	68	32						
Zahntechniker	76	17	13	1				
Laborhilfskraft	91	14	1					
Zahnmediz. Fachhelfer/in	86	17	1	2				
ZAhelfer/in	6	15	40	31	2	7	4	
Verwaltungshelfer/-in	67	37	1	1				2
Azubis	15	44	37	8	2			
Sonstige Mitarbeiter	54	29	20	3				1

Frage 5: Bitte geben Sie Ihre durchschnittliche wöchentliche Behandlungszeit („Arbeitszeit am Stuhl") an.

	Ausprägung	Häufigkeit	%
Zeit	bis unter 35	17	18.3
in Stunden	35 bis 39	40	43.0
	40 bis 44	24	25.8
	45 oder mehr	12	12.9
	TOTAL	93	100.0

Fehlende Angaben: 1

Durchschnitt ist 37,8 Stunden pro Woche.
Maximum ist 55 Stunden
Minimum ist 18 Stunden

Frage 6: Wenn Sie Ihre gesamte Behandlungszeit mit 100 % ansetzen, wie verteilt sich ungefähr Ihre Tätigkeit auf die folgenden Leistungsbereiche?

Bereich	Durchschnitt (in %)
konservierende Leistungen	44
chirurgische Leistungen	14
Leistungen bei Mundschleimhaut- und Parodontalerkrankungen	9
prothetische Leistungen	27
KFO Leistungen	6

Keine Antwort: 5 Praxen

Frage 7a: Wieviel Wochenstunden verwenden Sie (einschließlich Zahnarztpartner und/oder Assistenzzahnärzte) durchschnittlich für Verwaltungstätigkeiten?

	Ausprägung	Häufigkeit	%
Zeit	1 bis 5	27	29.7
in Stunden	6 bis 10	48	52.7
	11 bis 15	12	13.2
	16 oder mehr	4	4.4
	TOTAL	91	100.0

Fehlende Angaben: 3

Bereinigter Durchschnitt ist 7,99 Stunden pro Woche.
(Stundenzahl / Zahnarzt + Zahnarztpartner bzw. Assistenzzahnarzt)

Frage 7b: Wieviel Wochenstunden verwendet das gesamte Hilfspersonal durchschnittlich für Verwaltungstätigkeiten?

	Ausprägung	Häufigkeit	%
Zeit	bis 20	19	21.8
in Stunden	21 bis 40	34	39.1
	41 bis 60	19	21.8
	61 oder mehr	15	17.3
	TOTAL	87	100.0

Fehlende Angaben: 7

Bereinigter Durchschnitt ist 7,19 Stunden pro Woche.
(Stundenzahl / Summe der Positionen von 4 aufwärts in Frage 4)

Frage 8: Welche der nachfolgend aufgeführten Tätigkeiten führen Sie hauptsächlich selbst durch, welche Tätigkeiten werden durch Ihre Sprechstundenhelfer/innen erledigt und wofür ist eine externe Stelle zuständig?

Tätigkeit	1	2	3	4	5	6	7	Keine Antwort
	\multicolumn{8}{c}{Praxen in %}							
Abrechnung der KFO-Fälle	8	53	4	1				33
PAR-Staten	35	33	23					8
Prothetikanträge schreiben	3	85	11			1		
Prothetikanträge abrechnen	2	87	7			1		
Privatrechnungen schreiben	10	69	19	1	1			
Quartalsabrechnung	5	65	28			1		1
Verwaltung der Patientendaten	1	86	12					
Patienten-Historie	13	64	17					6
Zahlungsüberwachung/Mahnungen	10	53	24	7	2	3		
Krankenscheinmahnungen	1	94	3			1		1
Recall	1	77	3					19
Terminvergabe	1	87	12					
Materialverwaltung	5	67	27	1				
Kostenaufstellung	22	23	5	23	9	1	1	14
Leistungsstatistiken	56	17	7	1	4	2	1	11
Buchführung	15	12	1	72	1	3		
Monatsgehälter abrechnen	11	12	1	72	1	3		
Textverarbeitung	18	37	32	2	2			8

Legende:
1 = Zahnarzt selbst
2 = Helferin
3 = Zahnarzt und Helferin
4 = Externer, z.B. Steuerberater
5 = Externer und Zahnarzt
6 = Externer und Helferin
7 = Externer, Zahnarzt und Helferin

Frage 9: Trennen Sie bzw. Ihr Steuerberater die in Ihrer Praxis anfallenden Kosten nach Kostenarten (z.B. Personalkosten, Materialkosten, etc.) oder unterbleibt eine solche Kostenuntergliederung?

Verteilung der Kostenartenrechnung in den Praxen

	Ausprägung	Häufigkeit	%
Kostenartenrechung	1	2	2.1
	2	22	23.4
	3	70	74.5
	TOTAL	94	100.0

Legende für Ausprägung:
1 = Es erfolgt keinerlei Kostenrechnung
2 = Eine Untergliederung erfolgt nur in die wichtigsten Kostenarten (Personal-, Material-, Miet- u. sonstige Kosten)
3 = erfolgt eine detaillierte Aufgliederung aller Kostenarten

Frage 10: Erfolgt eine Zuordnung der Kosten zu den verursachenden „Abteilungen", d.h. Kostenstellen (z.B. Behandlung, Empfang, Wartezimmer, Röntgen, Lager, etc.)?

	Ausprägung	Häufigkeit	%
Kostenstellen-	Ja	12	12.8
rechnung	Nein	82	87.2
	TOTAL	94	100.0

Frage 11: In welcher Stärke haben die folgenden Aspekte Ihre Entscheidung für einen Praxis-Computer mitbestimmt?

Tätigkeit	sehr stark	stark	mittel	schwach	gar nicht	keine Antwort
	Praxen in %					
Technikaufgeschlossenheit	24	24	28	10	7	6
Praxisengpässe	11	18	23	13	23	12
Steuervorteile	1	4	13	35	34	13
Erwartete Einnahmensteigerung	–	4	10	29	45	13
Erwartete Zeiteinsparung	14	34	23	12	11	6
Praxisimage	2	11	14	24	38	11
Wünsche des Personals	2	12	11	20	46	10
Vereinfachung von Verwaltungsabläufen	60	31	5	2	–	2
Interne Informationsverbesserung	50	23	15	6	3	2
Fehlersicherheit	38	35	12	7	2	5

Frage 12: Welche Dienstleistungen erhalten Sie von Ihrem Steuerberater?

Dienstleistung	Anzahl von Nennungen
Einnahmen-Ausgaben-Überschußrechnung	67
Bilanz	33
Praxisvergleich (DATEV)	49
Praxisabrechnungsbogen	45
Gehaltsabrechnung	72
Jahresabschluß und Steuererklärung	92
steuerrelevante Hinweise	71

Frage 13a: Welche dieser Dienstleistungen vom Steuerberater sind für Sie besonders wichtig?

und

Frage 13b: Welche dieser Dienstleistungen würden Sie gerne selbst mit dem Praxis-Computer erstellen?

In der folgenden Tabelle sind die Antworten auf die Fragen 13a und 13b gegenübergestellt.

Dienstleistung	vom Steuerberater	gerne selbst
	Praxen in %	
Einnahmen-Ausgaben-Überschußrechnung	49	16
Bilanz	20	4
Praxisvergleich (DATEV)	28	8
Praxisabrechnungsbogen	34	12
Gehaltsabrechnung	56	17
Jahresabschluß und Steuererklärung	70	3

22 Praxen wollten selbst keine von den Dienstleistungen selbst (mit dem Praxis-Computer) erledigen.

Frage 14: Welche Gewichtung messen Sie den folgenden Aspekten des Praxis-Computereinsatzes in Ihrer Praxis bei?

Aspekt	starker Vorteil	schwacher Vorteil	kein Vorteil	keine Antwort
	Praxen in %			
geordnete Verwaltung	70	16	8	5
mehr Transparenz des wirtsch. Praxisgeschehens	66	22	6	5
Einsparung von Arbeitskräften	2	26	68	4
vollständige Abrechnung aller Leistungen	62	27	5	6
aktuelle Informationen	71	26	–	3
Zeitersparnis	29	52	18	1
Kosteneinsparungen	1	39	51	8
Arbeitserleichterung des Zahnarztes	26	40	31	3
Arbeitserleichterung des Personals	54	40	5	–
innerbetr. Kontrollmöglichkeit	51	38	6	4
sauberer Schriftverkehr	70	21	4	4
Fehlersicherheit	57	30	5	7
Mal was Neues	1	12	66	21

Frage 15: Wie verteilt sich Ihr Einkauf von Verbrauchsmaterial auf folgende Quellen?

Quelle	Durchschnitt (in %)
Dental-Depot	60
Verbrauchermärkte	3
Versandhandel	28
Direktvertrieb der Industrie	4
Apotheken	5

Frage 16: Von wieviel verschiedenen Zulieferern (Einkaufsquellen) beziehen Sie Ihr Verbrauchsmaterial?

	Ausprägung	Häufigkeit	%
Anzahl	1 bis 2	19	20.2
Quellen	3 bis 4	42	44.7
	5 bis 6	20	21.3
	7 bis 8	7	7.4
	9 oder mehr	6	6.4
	TOTAL	94	100.0

Frage 17: In welcher Form wickeln Sie Ihre Materialbestellungen ab? (Mehrfachankreuzungen möglich)

Bei dieser Frage waren Mehrfachankreuzungen möglich, es wurde jedoch nicht weiter gefragt, für welche Materialien ein bestimmter Bestellmodus gilt. Die große Mehrheit der Antworten (59 von 94) enthält die Bestellungen, die nach einem festgelegten Mindestbestand ausgelöst werden. Allein dieses Kriterium nannte man 9 mal. Kombiniert wurde die Bestellart mit

achten auf Rabatte	3
achten auf Sonderangebote	7
achten auf beide	40

Eine weitere wichtige Bestellart ist die Bestellung in festen Mengen und zwar wurde sie in allen möglichen Kombinationen insgesamt 20 Mal erwähnt.

Insgesamt 76 erwähnen das Achten auf Rabatte bzw. auf Sonderangebote.

Frage 18a: Wie hoch sind Ihre jährlichen Ausgaben für Verbrauchsmaterial?

	Ausprägung	Häufigkeit	%
Tsd. DM	12 bis unter 20	10	12.8
	20 bis unter 30	20	25.6
	30 bis unter 40	12	15.4
	40 bis unter 50	10	12.8
	50 bis unter 60	10	12.8
	60 bis unter 70	7	9.0
	70 bis unter 80	1	1.3
	80 bis unter 90	2	2.6
	90 oder mehr	6	7.7
	TOTAL	78	100.0

Fehlende Angaben: 16

Durchschnitt ist 45.216,15 DM
Minimum ist 12.000,00 DM
Maximum ist 214.383,00 DM

Frage 18b: Welchen Wert in DM hat Ihr durchschnittlicher Verbrauchsmaterialbestand?

	Ausprägung	Häufigkeit	%
Tsd. DM	bis unter 5	11	14.8
	5 bis unter 10	29	39.2
	10 bis unter 20	20	27.0
	20 bis unter 30	7	9.5
	30 oder mehr	7	9.5
	TOTAL	74	100.0

Fehlende Angaben: 20

Durchschnitt ist 11.229,73 DM
Minimum ist 1.000,00 DM
Maximum ist 80.000,00 DM

Frage 19: Wie wertvoll ist Ihnen eine Arbeitsunterstützung durch Automation oder Teilautomation bei folgenden Verwaltungsarbeiten?

Tätigkeit	sehr wertvoll	wertvoll	wenig wertvoll	nicht wertvoll	keine Antwort
	Praxen in %				
Abrechnung der KFO-Fälle	13	17	17	13	35
PAR-Staten	8	16	22	31	22
Prothetikanträge schreiben	84	14	–	1	–
Prothetikanträge abrechnen	85	13	–	1	–
Privatrechnungen schreiben	91	6	1	–	1
Quartalsabrechnung	77	15	3	3	2
Verwaltung der Patientendaten	63	26	6	1	4
Patienten-Historie	41	28	14	12	5
Zahlungsüberwachung/ Mahnungen	63	24	6	2	5
Krankenscheinmahnungen	44	32	17	3	4
Recall	29	30	21	7	13
Terminvergabe	3	5	21	59	12
Materialverwaltung	6	17	22	43	12
Kostenaufstellung	22	17	10	34	17
Leistungsstatistiken	52	32	5	5	5
Buchführung	27	16	14	27	18
Monatsgehälter abrechnen	13	9	10	50	19
Textverarbeitung	33	41	10	7	8

Frage 20a: Wann haben Sie den Praxis-Computer gekauft?

Jahr	Anzahl
1980	1
1981	1
1982	2
1983	1
1984	7
1985	4
1986	9
1987	24
1988	27
1989	18
Insgesamt	94

Frage 20b: Welche Programme haben Sie gleichzeitig bei der Beschaffung des Praxis-Computers gekauft?

Welches Betriebssystem?

MS-DOS	59
Theos	3
TOS	2
MTOS	1
RSX 11M Plus	1
VMS	1
Unix	1
Keine Antwort	26
Insgesamt	94 Praxen

Welches Praxis-Programmpaket?

Compudent	16
Chremasoft	8
Dentev	6
Beodata	5
Pro Dentis	5
Dentso	3
Der Zahnarztrechner	3
Logis	3
BDV Unident	2
Dampsoft	2
Zias	2
Computer Forum	1
Dialog	1
Prax-sys	1
Unident	1
Keine Antwort	35
Insgesamt	94 Praxen

Frage 20c: Haben Sie den Praxis-Computer und die Programme aus einer Hand?

Antwort	Anzahl
Ja	70
Nein	24
Insgesamt	94

Frage 20d: Ist Ihre derzeitige EDV-Einrichtung in der Praxis ein Einplatzsystem oder ein Mehrplatzsystem?

Systemart	Anzahl
Einplatzsystem	72
Mehrplatzsystem	22
Insgesamt	94

Frage 20e: Würden Sie eine direkte Erfassung der Befunde und Leistungen am Behandlungsstuhl per Spracheingabe wünschen?

Antwort	Anzahl
Ja	39
Nein	55
Insgesamt	94

Frage 20f: Wieviel wären Sie bereit, für eine Spracheingabe-Einrichtung zu zahlen?

	Ausprägung	Häufigkeit	%
Tsd. DM	unter 5	32	71.1
	5 bis 10	11	24.4
	mehr als 10	2	4.5
	TOTAL	45	100.0

Frage 21: Haben Sie den Praxis-Computer gekauft, gemietet oder geleast?

	Ausprägung	Häufigkeit	%
Art der	gekauft	84	91.3
Anschaffung	gemietet	1	1.1
	geleast	7	7.6
	TOTAL	92	100.0

Fehlende Angaben: 2

Frage 22: Wie hoch waren die Anschaffungskosten für die gesamte Hardware (incl. Drucker)?

	Ausprägung	Häufigkeit	%
Tsd. DM	unter 10	33	35.1
	10 bis 20	38	40.4
	20 bis 30	14	14.9
	30 bis 40	3	3.2
	mehr als 40	6	6.4
	TOTAL	94	100.0

Frage 23: Wie hoch waren die Anschaffungskosten für die betrieblich genutzte Software?

	Ausprägung	Häufigkeit	%
Tsd. DM	bis 10	22	24.4
	10 bis 20	63	70.0
	mehr als 20	5	5.6
	TOTAL	90	100.0

Fehlende Angaben: 4

Frage 24: Wie hoch war Ihr Praxisumsatz im Jahr der Anschaffung des Praxis-Computers?

	Ausprägung	Häufigkeit	%
Tsd. DM	unter 100	1	1.2
	100 bis 300	1	1.2
	300 bis 500	9	10.5
	500 bis 700	18	20.9
	mehr als 700	57	66.2
	TOTAL	86	100.0

Fehlende Angaben: 8

Frage 24a: Wie werden folgende Arbeiten in Ihrer Praxis erledigt?

Tätigkeit	nur mit PC	haupts. mit PC	haupts. ohne PC	ohne PC	keine Antwort
	Praxen in %				
Abrechnung der KFO-Fälle	5	5	11	50	29
PAR-Staten	3	1	10	77	10
Prothetikanträge schreiben	95	4	–	1	–
Prothetikanträge abrechnen	95	4	–	1	–
Privatrechnungen schreiben	96	4	–	–	–
Quartalsabrechnung	90	4	1	3	1
Verwaltung der Patientendaten	77	16	4	2	1
Patienten-Historie	59	11	8	19	3
Zahlungsüberwachung/ Mahnungen	55	20	6	17	1
Krankenscheinmahnungen	45	23	12	19	1
Recall	32	9	9	32	17
Terminvergabe	1	0	2	90	6
Materialverwaltung	2	4	2	87	4
Kostenaufstellung	19	6	5	53	16
Leistungsstatistiken	83	6	2	6	2
Buchführung	23	5	6	51	14
Monatsgehälter abrechnen	6	1	–	79	14
Textverarbeitung	50	28	11	6	5

Frage 25: Wie ist Ihre Praxis (Gesamtbetrieb) ausgestattet?

Merkmal	0	1	2	3	4	5	6	7	8
			Praxen in %						
Behandlungstühle	–	–	16	45	28	7	3	1	
Roentgengerät	–	29	60	6	4	–	1		
Praxis-Computer	–	86	12	2					
Tastaturen	–	69	8	14	4	1	2	–	1
Bildschirme	–	69	10	13	4	1	2	–	1
Drucker	–	85	14	1					
Kopierer	26	72	2						
Diktiergerät	57	41	2						
BTX	89	11							
FAX/Teletex	90	10							
Anrufbeantworter	3	94	3						

Von den 94 Praxen hatten 67 ein Praxislabor. Von diesen hatten 39% einen oder mehrere angestellte Zahntechniker.

Frage 26: Geben Sie bitte Ihr Geschlecht an.

	Ausprägung	Häufigkeit	%
Geschlecht	männlich	85	91.4
	weiblich	8	8.6
	TOTAL	93	100.0

Fehlende Angaben: 1

Frage 27: Welcher Altersklasse können Sie sich zuordnen?

	Ausprägung	Häufigkeit	%
Altersklasse	unter 30	1	1.1
in Jahren	30 bis 39	34	36.6
	40 bis 49	44	47.3
	50 bis 59	10	10.8
	über 60	4	4.3
	TOTAL	93	100.0

Fehlende Angaben: 1

Frage 28: Wie groß ist Ihre Praxis ungefähr? (auf das Quartal gesehen)

	Ausprägung	Häufigkeit	%
Anzahl	unter 200	0	0.0
Scheine	200 bis 399	10	10.8
	400 bis 599	31	33.3
	600 bis 799	25	26.9
	800 bis 999	17	18.3
	1000 bis 1199	8	8.6
	mehr als 1200	2	2.1
	TOTAL	93	100.0

Fehlende Angaben: 1

Frage 29: Wie ist das Umsatzverhältnis zwischen Privatpatienten und Kassenpatienten in Ihrer Praxis?

	Ausprägung	Häufigkeit	%
Anteil der	3 bis 9	6	6.8
Privatpatienten	10 bis 19	32	36.0
in %	20 bis 29	28	31.5
	30 bis 39	13	14.6
	40 bis 49	5	5.6
	50 u. mehr	5	5.5
	TOTAL	89	100.0
Fehlende Angaben: 5			

Die Klassenbildung erfolgte nach der Befragung.

B. Repräsentativität

Inwiefern die vorliegende Erhebung repräsentativen Charakter besitzt, wurde durch einen Vergleich mit einigen Praxiskennzahlen für die KZV Koblenz-Trier und für das Bundesgebiet (alte Länder) festzustellen versucht. Danach hat es den Anschein, daß die von uns untersuchten Praxen tendenziell etwas größer sind als der Durchschnitt im Bundesgebiet und im KZV-Bereich Koblenz-Trier (gemessen an der Zahl der Behandlungsstühle). Die Umsatzzahlen der Praxen konnten nicht zur Beurteilung der Repräsentativität benutzt werden, weil sich unsere diesbezügliche Frage auf den Praxisumsatz im Jahre der Anschaffung des Praxis-Computers bezog. Zudem ist der Prozentsatz derjenigen Praxen, die über ein Praxislabor verfügen, in unserer Stichprobe 8 Prozentpunkte höher als im KZV-Bereich Koblenz-Trier (unsere Stichprobe 71%, KZV-Bereich Koblenz-Trier 64%, Bundesgebiet 63%). Es ist jedoch darauf hinzuweisen, daß die Vergleichszahlen aus dem Jahr 1988 stammen, während unsere Untersuchung aus dem Jahr 1990 datiert. Deshalb ist dieser Vergleich vorsichtig zu interpretieren.

Veröffentlichungen des Instituts der Deutschen Zahnärzte

Stand: 1992

(Die Auflistung schließt die Veröffentlichungen des Forschungsinstituts für die zahnärztliche Versorgung/FZV ein, das seit dem 1. Januar 1987 in das Institut der Deutschen Zahnärzte eingegangen ist.)

Institut der Deutschen Zahnärzte

Materialienreihe

Amalgam – Pro und Contra, Gutachten – Referate – Statements – Diskussion. Wissenschaftliche Bearbeitung und Kommentierung von G. Knolle, IDZ-Materialienreihe Bd. 1, 3. erw. Aufl., ISBN 3-7691-7830-0, Deutscher Ärzte-Verlag, 1988, 1990, 1992

Parodontalgesundheit der Hamburger Bevölkerung – Epidemiologische Ergebnisse einer CPITN-Untersuchung. G. Ahrens/J. Bauch/K.-A. Bublitz/I. Neuhaus, IDZ-Materialienreihe Bd. 2, ISB 3-7691-7812-2, Deutscher Ärzte-Verlag, 1988

Zahnarzt und Praxiscomputer – Ergebnisse einer empirischen Erhebung. S. Becker/F. W. Wilker, unter Mitarbeit von W. Micheelis, IDZ-Materialienreihe Bd. 3, ISBN 3-7691-7813-0, Deutscher Ärzte-Verlag, 1988

Der Zahnarzt im Blickfeld der Ergonomie – Eine Analyse zahnärztlicher Arbeitshaltungen. W. Rohmert/J. Mainzer/P. Zipp, 2. unveränderte Auflage, IDZ-Materialienreihe Bd. 4, ISBN 3-7691-7814-9, Deutscher Ärzte-Verlag, 1988

Möglichkeiten und Auswirkungen der Förderung der Zahnprophylaxe und Zahnerhaltung durch Bonussysteme. M. Schneider, IDZ-Materialienreihe Bd. 5, ISBN 3-7691-7815-7, Deutscher Ärzte-Verlag, 1988

Mundgesundheitsberatung in der Zahnarztpraxis. Th. Schneller/D. Mittermeier/D. Schulte am Hülse/W. Micheelis, IDZ-Materialienreihe Bd. 6, ISBN 3-7691-7817-3, Deutscher Ärzte-Verlag, 1990

Aspekte zahnärztlicher Leistungsbewertung aus arbeitswissenschaftlicher Sicht. M. Essmat/W. Micheelis/G. Rennenberg, IDZ-Materialienreihe Bd. 7, ISBN 3-7691-7819-X, Deutscher Ärzte-Verlag, 1990

Wirtschaftszweig Zahnärztliche Versorgung. E. Helmstädter, IDZ-Materialienreihe Bd. 8, ISBN 3-7691-7821-1, Deutscher Ärzte-Verlag, 1990

Bedarf an Zahnärzten bis zum Jahre 2010. E. Becker/F.-M. Niemann/J. G. Brecht/F. Beske, IDZ-Materialienreihe Bd. 9, ISBN 3-7691-7823-8, Deutscher Ärzte-Verlag, 1990

Der Praxiscomputer als Arbeitsmittel – Prüfsteine und Erfahrungen. M. Hildmann unter Mitarbeit von W. Micheelis, IDZ-Materialienreihe Bd. 10, ISBN 3-7691-7824-6, Deutscher Ärzte-Verlag, 1991

Mundgesundheitszustand und -verhalten in der Bundesrepublik Deutschland – Ergebnisse des nationalen IDZ-Survey 1989. Gesamtbearbeitung: W. Micheelis, J. Bauch. Mit Beiträgen von J. Bauch/P. Dünninger/R. Eder-Debye/J. Einwag/J. Hoeltz/K. Keß/R. Koch/W. Micheelis/R. Naujoks/K. Pieper/E. Reich/E. Witt, IDZ-Materialienreihe Bd. 11.1, ISBN 3-7691-7825-4, Deutscher Ärzte-Verlag, 1991

IDZ Oral Health Survey: Diagnostic criteria and data Recording Manual – Instructions for examination and documentation of oral health status (– with an appendix of the sociological survey instruments for the assessment of oral health attitudes and behavior –). J. Einwag/K. Keß/E. Reich. IDZ-Materialienreihe Bd. 11.2, ISBN 3-7691-0000-0, Deutscher Ärzte-Verlag, 1992

Psychologische Aspekte bei der zahnprothetischen Versorgung – eine Untersuchung zum Compliance-Verhalten von Prothesenträgern. Th. Schneller/R. Bauer/W. Micheelis. IDZ-Materialienreihe Bd. 12. 2. unveränderte Aufl., ISBN 3-7691-7829-7, Deutscher Ärzte-Verlag, 1992

Gruppen- und Individualprophylaxe in der Zahnmedizin – Ein Handbuch für die prophylaktische Arbeit in Kindergarten, Schule und Zahnarztpraxis. Gesamtbearbeitung N. Bartsch, J. Bauch, IDZ-Materialienreihe Bd. 13, ISBN 3-7691-7828-9, Deutscher Ärzte-Verlag, 1992

Betriebswirtschaftliche Entscheidungshilfen durch den Praxiscomputer. E. Knappe/V. Laine/P. Klein/St. Schmitz. IDZ-Materialienreihe Bd. 14, ISBN 3-7691. Deutscher Ärzte-Verlag, 1992

Broschürenreihe

Zur medizinischen Bedeutung der zahnärztlichen Therapie mit festsitzendem Zahnersatz (Kronen und Brücken) im Rahmen der Versorgung. Th. Kerschbaum, IDZ Broschürenreihe Bd. 1, ISBN 3-7691-7816-5, Deutscher Ärzte-Verlag, 1988

Zum Stand der EDV-Anwendung in der Zahnarztpraxis – Ergebnisse eines Symposions. IDZ Broschürenreihe Bd. 2, ISBN 3-7691-7818-1, Deutscher Ärzte-Verlag, 1989

Mundgesundheit in der Bundesrepublik Deutschland – Ausgewählte Ergebnisse einer bevölkerungsrepräsentativen Erhebung des Mundgesundheitszustandes und -verhaltens in der Bundesrepublik Deutschland. IDZ Broschürenreihe Bd. 3, ISBN 3-7691-7822-X, Deutscher Ärzte-Verlag, 1990

Sonderpublikationen

Das Dental Vademekum. Hg.: Bundeszahnärztekammer (Bundesverband der Deutschen Zahnärztekammern)/Kassenzahnärztliche Bundesvereinigung, Redaktion: IDZ, Deutscher Ärzte-Verlag
1. Ausgabe 1989 (ISBN 3-7691-4025-7)
2. Ausgabe 1990 (ISBN 3-7691-4031-1)
3. Ausgabe 1991 (ISBN 3-7691-4043-5)

Dringliche Mundgesundheitsprobleme der Bevölkerung in der Bundesrepublik Deutschland – Zahlen, Fakten, Perspektiven. W. Micheelis, P. J. Müller. ISBN 3-924474-00-1, Selbstverlag, 1990*. Überarbeiteter Auszug aus: „Dringliche Gesundheitsprobleme der Bevölkerung in der Bundesrepublik Deutschland. Zahlen, Fakten, Perspektiven" von Weber, I., Abel, M., Altenhofen, L., Bächer, K., Berghof, B., Bergmann, K., Flatten, G., Klein, D., Micheelis, W. und Müller, P. J. Nomos-Verlagsgesellschaft Baden-Baden, 1990

Dringliche Mundgesundheitsprobleme der Bevölkerung im vereinten Deutschland – Zahlen, Fakten, Perspektiven. A. Borutta/W. Künzel/W. Micheelis/P. J. Müller. ISBN 3-924474-01-X, Selbstverlag, 1991*

Curriculum Individualprophylaxe in der kassenzahnärztlichen Versorgung – eine Handreichung für Referenten zur Fortbildung von Zahnärzten, Zahnmedizinischen Fachhelferinnen (ZMF) und Zahnarzthelferinnen –. J. Einwag/K.-D. Hellwege/J. Margraf-Stiksrud/H. Pantke/H. P. Rosemeier/Th. Schneller, Fachdidaktische Beratung von N. Bartsch, ISNB 3-7691-7827-0, Deutscher Ärzte-Verlag, 1991*

Forschungsinstitut für die zahnärztliche Versorgung

Materialienreihe

Werkstoffe in der zahnärztlichen Versorgung – 1. Goldalternativen. FZV „Materialien" Bd. 1, ISBN 3-7691-7800-9, Deutscher Ärzte-Verlag, 1980

Eigenverantwortung in der gesetzlichen Krankenversicherung. FZV „Materialien" Bd. 2, Selbstverlag 1980*

Zur Frage der Nebenwirkung bei der Versorgung kariöser Zähne mit Amalgam. FZV „Materialien" Bd. 3, Selbstverlag, 1982 (vergriffen)

Direktbeteiligung im Gesundheitswesen – Steuerungswirkungen des Selbstbehalts bei ambulanten medizinischen Leistungen und beim Zahnarzt. E. Knappe/W. Fritz, FZV „Materialien" Bd. 4, ISBN 3-7691-7803-3, Deutscher Ärzte-Verlag, 1984

100 Jahre Krankenversicherung – Standortbestimmung und Weiterentwicklung des Kassenarztrechts. FZV „Materialien" Bd. 5, ISBN 3-8765-2367-2, Quintessenz Verlag, 1984

Strukturdaten zahnärztlicher Praxen. P. L. Reichertz/K. Walther, FZV „Materialien" Bd. 6, ISBN 3-7691-7807-6, Deutscher Ärzte-Verlag, 1986 (vergriffen)

Broschürenreihe

System der zahnärztlichen Versorgung in der Bundesrepublik Deutschland. B. Tiemann/R. Herber, FZV „Broschüre" 1, ISBN 3-7691-7801-7, Deutscher Ärzte-Verlag, 1980

Kostenexplosion im Gesundheitswesen – Folge eines fehlerhaften Steuerungsmechanismus? J.-M. Graf von der Schulenburg, FZV „Broschüre" 2, ISBN 3-7691-7802-5, Deutscher Ärzte-Verlag, 1981

Merkmale zahnärztlicher Arbeitsbeanspruchung – Ergebnisse einer Fragenbogenstudie. W. Micheelis, FZV „Broschüre" 3, 2. unveränderte Auflage, ISBN 3-7691-7804-1, Deutscher Ärzte-Verlag, 1984

Datenschutz im Gesundheitswesen – Modellversuch zur Erhöhung der Leistungs- und Kostentransparenz. FZV „Broschüre" 4, ISBN 3-7691-7805-X, Deutscher Ärzte-Verlag, 1985

Zukunftsperspektiven der zahnärztlichen Versorgung. FZV „Broschüre" 5, ISBN 3-7691-7811-4, Deutscher Ärzte-Verlag, 1986

Wissenschaftliche Reihe

Medizinische und technologische Aspekte dentaler Alternativlegierungen. C. L. Davidson/H. Weber/H. Gründler/F. Sperner/H. W. Gundlach/P. Dorsch/H. Schwickerath/K. Eichner/G. Forck/F. Kees, FZV „Wissenschaftliche Reihe" Bd. 1, ISBN 3-8765-2366-4, Quintessenz Verlag, 1983

Sonderpublikationen

Übersicht über die Dental-Edelmetallegierungen und Dental-Nichtedelmetallegierungen in der Bundesrepublik Deutschland. Hg. FZV, Deutscher Ärzte-Verlag, 1986 (vergriffen)

*Die Publikationen des Instituts sind im Fachbuchhandel erhältlich. Die mit * gekennzeichneten Bände sind direkt über das IDZ zu beziehen.*